Тетяна Стрижевська

Химерний Київ

Легенди, лякачки та цікавинки

ПОРТАЛ

Київ 2020

Зміст

6 Передмова від авторки

Розділ 1
Особняки з несподіванками

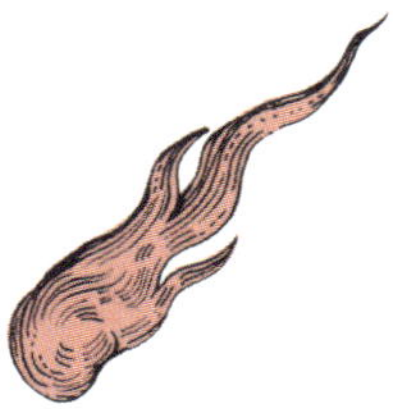

10 Таємниця кімнати-купе
12 Хто прокляв Будинок із химерами?
15 Галасливі привиди
17 Чарівне дзеркальце «Шоколадки»
19 Неймовірне передбачення
21 Пряниковий будиночок
із езотеричною начинкою
25 Мушині амулети

Розділ 2
Лякачки

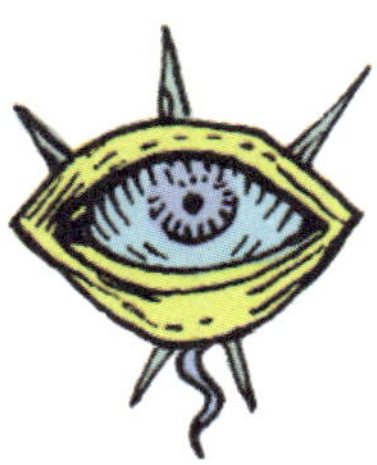

28 Потоп і дзвони
31 Залізна баба з мечем
33 Скільки в Києві Лисих гір?
37 Гора Старокиївська
39 Місто мертвих
41 Таємниці провалля

Розділ 3

Темне минуле

46 Коні-привиди
49 Страхіття Косого капоніра
51 Привиди письменницького дому
53 «Олівець» на кістках
55 Янголи і демони Врубеля
59 Убивство в оперному

Розділ 4

Загадки

64 Де жив Змій Горинич?
66 Де шукати найстарішу бібліотеку?
68 «Печера Аладдіна»
71 Де в Києві телепорт?
73 Секретний сад
75 Магічний дуб

Розділ 5

Чудеса

79 Київський Афон у зачарованому лісі
81 Небесне замовлення
83 Святий лікар і турботлива відвідувачка
87 Небесний охоронець Києва
91 Пригоди Самсона і лева
93 Лаврські печери
96 Нерушима стіна

Передмова від авторки

Привіт! У цій книжці про Київ ти зустрінеш архітекторів-диваків, ченців-ясновидців, привидів і химер. Деякі легенди в ній — вигадка, а в інших може бути зернятко правди. Я поставила собі непросте завдання: докопатися, звідки ростуть ноги у цих історій.

Путівник химерним Києвом містить декілька розділів.

Перший — про особняки, яких так багато в середмісті. У кожному з них є своя загадка: потаємна кімната, «магічне» дзеркало, байка про привида. Старі будинки — моя улюблена тема, адже біля них можна погуляти і все побачити (або ні) на власні очі.

Другий розділ — про міські лякачки, яких чимало назбиралося від найдавніших часів. Наприклад, моторошні історії, буцімто на київську Лису гору злітаються відьми. Тільки де та гора? Ти знаєш, що такої слави зажив не один пагорб у столиці? А ще є провалля, на яке нібито наклали закляття давні чаклуни.

Чимало легенд походять із часів, коли люди не знали, як пояснити ті чи ті явища, тож і приплітали «містику». Але є і сучасні лякачки. Наприклад, один із символів Києва — монумент Батьківщини-Матері, встановлений уже після Другої світової війни, — теж має чим здивувати.

У третьому розділі ми зазирнемо в темне минуле міста. Ти знаєш, що одне з найгучніших убивств XX століття сталося в київському оперному театрі? Але мовчу-мовчу, щоб не виказати зайвого: читай.

Розділ із загадками дасть нагоду поміркувати. Де жив билинний злодій Змій Горинич? Куди поділася славнозвісна бібліотека Ярослава Мудрого? Де в Києві є джерело-телепорт?

Київ — місто, в якому «містичне» існує поруч зі святим. Тисячу з лишком років тому на місцях язичницьких капищ почали будувати православні церкви. На «відьомських лисих горах» постали численні храми. Давнє місто — суцільне переплетіння грішного з праведним, як то кажуть.

А скільки чудес траплялося в Києві! Може, вони відбувалися завдяки тому, що християнським покровителем української столиці є архистратиг Михаїл, очільник війська небесного? Чудесам присвячено останній розділ. Із нього можна дізнатися, скажімо, про загадкових ченців-самітників із лаврського підземелля, які мали дар пророцтва та зцілення.

Навіть найтовстіший том не вмістить усіх моїх улюблених історій про Київ. Щиро вважаю, що нескінченно можна робити три речі: споглядати, як горить вогонь, милуватись, як тече вода, і слухати химерні оповідки про місто над Дніпром.

Висловлюю подяку знавцям і знавчиням міста, які відкрили для мене Київ. Це Олександр Анісімов, Дмитро Малаков, Михайло Кальницький, Ольга Друг, Кирило Степанець, Лада Лузіна. А найбільша моя вдячність належить Анатолію Макарову, який написав «Малу енциклопедію київської старовини». Із цієї книжки, яку я купила зо п'ятнадцять років тому в «Сяйві», одній із найстаріших київських книгарень, почалася моя києвоманія.

Сподіваюся, тебе теж захопить «Химерний Київ».

Цікавого читання!

РОЗДІЛ 1

Особняки з несподіванками

Таємниця кімнати-купе

Ти любиш подорожувати потягами? Власник Замку зітхань мав таке хобі. Власне, вибір у нього був невеликий: чартери тоді ще не літали. У поїзді Микола Ковалевський познайомився з майбутньою дружиною. Ковалевський хотів знову й знову переживати відчуття, коли «в животі кружляють метелики». Тому вирішив облаштувати кімнату в «сімейному гніздечку» як купе першого класу: з верхньою поличкою, що піднімалася, з вузьким вікном та освітленням, як у поїзді. Словом, йому заманулося зробити копію купе, в якому він із першого погляду закохався. Ковалевський і архітектор Альошин навіть зверталися до залізничного управління по поради, як з усіма деталями відтворити купе.

Кажуть, та кімната містична: вона може гойдатися, наче при русі потяга. Можливо, це тільки легенда, бо жодного механізму не було знайдено. А може, особняк береже ще якусь таємницю.

А ось у назві — Замок зітхань — не шукай романтики чи містики. Так свій будинок назвав сам Ковалевський, бо щоразу, як бачив кошторис від архітектора, зітхав. Знову не вклалися в бюджет! Доводилося вкотре діставати гаманець...

Тут треба заступитися за архітектора: звісно, Альошин хотів зробити шедевр. Тоді всі архітектори наче змагалися, хто кого перевершить. Кожен дім ставав наче візитівкою. Зробиш погано — не буде нових замовлень. От він і розстарався. Будинок був нашпигований новітніми на той час (1913 рік) штучками: дзвінкова сигналізація, телефон, електроосвітлення, ліфт, водяне опалення, вентиляція... Особняк скидається на феодальний замок, хоча киянам він нагадує дім з арабських кварталів — звідси ще одна його назва: Арабський будиночок.

Альошин залишив на фасаді автограф, точніше, **автошарж**. Котяча мордочка на стіні з боку вулиці Шовковичної дуже схожа на нього самого. Якщо прикласти поруч портрет архітектора — ну просто копія! Ті ж закручені вуса, та ж задерикувата усмішка!

Автошарж *— зображення самого автора в навмисне спотвореному, смішному, карикатурному вигляді.*

Замок зітхань — особняк Ковалевського, вул. Пилипа Орлика, 1/15

Хто прокляв Будинок із химерами?

Придивися уважно до Будинку з химерами. Бачиш страховиськ? Окрім декількох русалок верхи на сомах, тут є ціла бетонна енциклопедія Африки: антилопи, жаби, слони, носороги, леви... Цілком реальні тварини. Городецький, власник і архітектор особняка, любив полювати. Але якби він назвав маєток «мрією мисливця», хіба дім зажив би такої слави?

Одна з найпопулярніших київських легенд оповідає, що Городецький побудував дивний особняк на згадку про загиблу доньку, яка буцімто потонула в Середземному морі.

Це дуже сумна історія, але насправді хустинку можна сховати: вона не знадобиться. На щастя, донька Городецького, Олена, була жива-живісінька. Вона вийшла заміж за киянина-юриста, під час Другої світової війни емігрувала й прожила довге життя.

Чому ж мешканці столиці понавигадували такого? Через русалок на даху? О, вони можуть затягнути на дно водойми... А може, через вестибюль, оформлений як морське дно? Тут і рибки, і черепашки, і величезний спрут на стелі. «Морська драма» проситься сама собою.

Це ще не кінець. Ось уже століття ходять чутки, що Владислав Городецький прокляв особняк, коли залишав його. Чого би раптом?

Повне ім'я архітектора — Лешко Дезидерій Владислав Городецький. У Києві його «зуболамне» ім'я скоротили до Владислава. Ох і епатажний це був архітектор! Одним із перших у Києві він почав їздити на автомобілі. Любив сафарі. Літав разом із першими авіаторами. А якщо ходив містом пішки, то нерідко — з мавпочкою на плечі.

Дім із химерами, вул. Банкова, 10

Особняк на Банковій він побудував «на слабо». Ніхто з його колег не вірив, що тут, на краєчку урвища, можна щось спорудити. А він узяв і зробив це. Щоправда, у кредит. Городецький оселився з родиною на першому поверсі, а інші квартири здавав, щоб погасити борг. Довго квартирантів не шукав: кому не хотілося пожити в такому дивовижному й зручному будинку? Маєток мав льодовні (тоді ще не було холодильників), винарню і… корівник. Архітектор дуже любив на сніданок каву зі свіжими вершками.

Чоловік не сидів удома сиднем. Він поїхав у сафарі, і це влетіло йому в «копієчку». Особняк довелося продати. Городецький наче відірвав його від серця і, може, тому й прокляв? Чи це просто ще одна химерна легенда? Менше з тим, в особняку й справді надовго не затримувалася жодна організація. Потрапити всередину майже неможливо, навіть із екскурсією. Особняк береже свої таємниці й нерадо відчиняє двері відвідувачам. Чим не прокляття?

Галасливі привиди

Якби безстрашний англійський король Річард Левове Серце сів у машину часу й опинився в Києві XX сторіччя, він недовго думав би, де оселитися. Звісно, в замку посеред Андріївського узвозу, що скидається на англійську фортецю. Щоправда, не факт, що король довго там витримає, адже це замок із підступом.

Цей будинок замовив для себе промисловець Дмитро Орлов. Подейкують, що ділянку на Андріївському узвозі він привласнив незаконно. Та й проект будинку було «скопійовано» в іншого архітектора... Сьогодні сказали б, що це крадіжка інтелектуальної власності. До речі, ми не знаємо, хто будував особняк: усі сліди заметено. Зате достеменно відомо, що будинок, як магніт, притягував неприємності. Під час будівництва сталася пожежа. Потім Орлов трагічно загинув. Його дружина продала будинок на аукціоні, щоб виплатити борги.

Нові орендарі не затримувалися надовго в особняку. Вночі в будинку лунали то стогони, то завивання, то скрегіт, то плач. Нестерпні звуки розігнали всіх мешканців. Ще б пак, хто захоче жити в товаристві привидів?

Невдовзі з'ясувалося, що то не голоси з потойбіччя, а лишень яєчні шкарлупки в пічних трубах. Під час сильного вітру вони стугоніли й створювали цей моторошний акустичний ефект. Так пічники помстилися родині Орлових. Господарі, либонь, недоплатили їм, от будівельники й залишили прощальний «подаруночок».

Особняк переходив із рук у руки. Дехто казав, що цей проклятий будинок узагалі треба зруйнувати. Радянську владу це мало обходило — вона зробила в ньому комуналки. Із легкої руки письменника Некрасова дім стали називати Замком Річарда.

Чому? Дуже вже він нагадував замок із повісті «Айвенго» Вальтера Скотта.

Тут би й поставити крапку в містичній історії «замку». Але ні, ставимо три крапки. На початку 1980-х років усіх мешканців замку виселили. І почалося щось незбагненне. Відтоді будинок нікого не впускає у свої стіни. Понад тридцять років він стоїть порожній, наче зачаклований, і тільки обростає новими легендами.

Замок Річарда Левове Серце, Андріївський узвіз, 15

Чарівне дзеркальце «Шоколадки»

Ти любиш шоколад? Кияни теж його люблять. У Києві навіть є шоколадний будиночок. Ну, а якщо серйозно, то «Шоколадкою» називають особняк на Шовковичній. Його стіни нагадують кахлі найсмачнішого шоколаду. Так і хочеться лизнути!

Дім належав купцеві та меценату Семену Могильовцеву. Завдяки його пожертвам Київ отримав лікарні, навчальні заклади, Будинок учителя — той дім, де потім засідала Українська Центральна Рада. Щедрий був чоловік, але розкоші теж не цурався. Он який дім спорудив для себе на Липках! Будував особняк Володимир Ніколаєв — архітектор-геній: в одному домі він зібрав стільки всього, але не перейшов меж смаку.

Кожну кімнату в «Шоколадці» облаштовано в інакшому стилі. Наче гортаєш альбом про епохи мистецтва. Дамська кімната — це модерн. Біла зала — французьке бароко. Чоловічий зал зроблено у російському стилі (всі ці жар-птиці мов зійшли з картин Білібіна). У будиночку є Візантійська їдальня, Мавританська зала. Сходи виконано під ампір.

«Найсолодшому» будинкові Києва, звісно, пасує «солодка» love story. Та де її взяти? Могильовцев не був одружений і не мав дітей. От і почали чесати язиками, буцімто особняк він будував для потаємних зустрічей зі знатною панянкою. Ким вона була — загадка історії. Відповідь знає хіба що чарівне дзеркальце з Білої зали, але ніколи її не скаже.

Це дзеркало цікавить нас найбільше, бо саме з ним пов'язані містичні історії «Шоколадки». У Білій залі висить старовинне величезне венеціанське люстро, увінчане купідончиками. Кажуть, воно чарівне. Закохані, які в нього глянуть, ніколи не розлучаться, а в наступному житті зможуть відшукати одне одного. Тож не стій аби з ким біля того свічада! Дзеркальце допомагає самотнім знайти свою справжню половинку.

Маємо здогад, як народилися легенди: колись у «Шоколадці» був Палац одружень. Цей будинок ніби притягує «солодкі» історії. Ну, й трішки містики, куди ж без неї.

Шоколадний будиночок, вул. Шовковична, 17/2

Неймовірне передбачення

Ти віриш у передбачення? Думаєш, це нісенітниці? А от власник двох будинків на Ярославовому Валу (14а та 14б) покладався на них.

Особняки належали Леоніду Родзянку. Він був підприємцем, мав декілька кінних заводів. Родзянко з родиною жив у домі, де тепер розташовано театр «Сузір'я», а в іншому будинку здавав квартири.

Хто ті дві довгокосі дівчини на фасаді? Водяні німфи, феї, богині? Подейкують, що кам'яні красуні схожі на київську буцімто відьму та ворожку МотрюВарналій, до якої не раз звертався Родзянко. Що ж, вона давала добрі поради, бо справи в нього йшли пречудово. Бізнес був мегауспішним. Коней у Родзянка купували «перші люди» міста, наприклад, меценат і цукрозаводчик Микола Терещенко.

Кажуть, Мотря передбачила Першу світову війну, революцію, криваві події... 1913 року вона порадила Родзянку продати будинки і «змотати вудочки», доки не пізно. Успішний підприємець продав усе майно, згорнув бізнес і поїхав із сім'єю до Америки. Він запрошував із собою інших родичів, але ті лише пальцем біля скроні покрутили. «Поважний мужчина, а повірив у нісенітниці», — кепкували вони.

У Штатах Родзянко вигідно вклав капітал і став мільйонером. Сказати, що він вчасно виїхав із Києва, — нічого не сказати! 1917 року місто перетворилося на пекло. Родичі, які підсміювалися із фаталізму Леоніда Родзянка, за радянської влади боялися арешту й навіть зайвий раз не називали своїх прізвищ. Колишні будинки Родзянка націоналізували. От і не вір після цього в передбачення.

Дім Родзянка і театр «Сузір'я», вул. Ярославів Вал, 14а та 14б

Пряниковий будиночок із езотеричною начинкою

Пригадуєш, у якій казці згадано пряниковий будиночок? Правильно, у казці братів Грімм. А ще справжнісінький пряниковий будиночок є у Києві. Поглянь на особняк на Банковій, 2: його панелі на фасаді схожі на форми для випічки. Але це тільки зовні, бо всередині дім аж ніяк не солоденький. Він наповнений загадками та цікавими символами.

Наприкінці XIX століття будинок належав державному та військовому діячеві Федорові Трепову. Згодом маєток викупив єврейський купець Симха Ліберман. Він попросив архітектора Ніколаєва, автора цього дому, «розширити» особняк і зробити з нього «лялечку». Ніколаєв виконав це прохання.

Під'їзд для карети зроблено просто до дверей. До входу ведуть пологі східці, щоб панянкам у сукнях було зручно сходити ними. У будинку є центральне опалення — труби, вмонтовані у стіни. Гаряча вода в усіх була як свято, а Ліберманни могли приймати ванну, коли забажають.

А які там кімнати! Це ребуси із посланнями, котрі треба розгадати. Наприклад, є кімната для гостей, зі стелі якої дивиться «Всевидяче око», а по периметру в різних орнаментах «сховалися» дракончики. Складається враження, що Симха казав гостям: хоч як ховайтеся по темних кутках, а Бог усе бачить.

В особняку чимало таких таємних послань: в інтер'єрах, розписах стін, стель і навіть у кахлях печей. Є коридор, на стелі якого зашифровано напис «Ліберман». Прізвище

Будинок Симхи Лібермана — Спілка письменників, вул. Банкова, 2

написано літерами івриту, латиниці та кирилиці, цей ребус тільки нещодавно розгадали. Тут же є символ Хамса, юдеї називають його «рука Міріам». Це захисний знак, схожий на відкриту долоньку. На зображенні є щось, схоже на шишечки, але то не пагінці сосни. Це етрог — цитрусовий плід, один із символів свята Суккот.

Ми недаремно заговорили про це юдейське свято, бо саме з ним пов'язана найбільша таємниця будинку.

У ці сім днів юдей має жити просто неба (ближче до Бога) і молитися в «курені» (у буквальному значенні!). Але є проблема: в Російській імперії це забороняли. Симха Ліберман знайшов вихід. У власному домі він зробив божницю з особливою стелею, яку можна було розібрати. Симха міг молитися просто неба, дотримуючись правил свята Суккот.

Про це довго ніхто не знав, адже стеля була зашпакльована. Та якось вона обвалилася, і на світ Божий показалися... розсувні бамбукові перетинки.

Від 1950-х років у особняку міститься Спілка письменників. Будинок зберіг чимало кахельних печей, частину давніх інтер'єрів. Здається, Симха Ліберман благословив особняк на довге життя. Чи не тому будинок уцілів у вирі воєн та революцій?

Дім із комахами, вул. Шота Руставелі, 9

Мушині амулети

Тебе вже не здивуєш різними тваринами на фасадах київських особняків: котами, совами чи голубами. Але в Києві є будинок, прикрашений не гарнюсиками, а чимось доволі бридким і несимпатичним. Не може такого бути? Гайда на вулицю Шота Руставелі. Бачиш жовтий п'ятиповерховий будинок із червоними дашками-трикутниками? Пильно придивися до декору будівлі. На ньому можна помітити сомів, змій, вужів і навіть... мух! Близько десяти білих комах, схожих на мух, умостилися над вікнами останнього поверху. Щоб краще їх роздивитися, треба мати добрий зум на телефоні. Або бінокль. А от міфологічну Медузу Горгону — панянку зі зміями на голові — добре видно.

Навіщо власник будинку наліпив на дім цих малоприємних створінь?

Замовив особняк Микола Жилінський. Будували його в 1902–1903 роках, у Києві в цей час тривав будівельний бум. Власник у домі не мешкав, а здавав квартири, тобто це був дохідний будинок. Вочевидь, Жилінський дуже хотів, щоб квартири не простоювали, а приносили прибуток. Настільки, що нашпигував будівлю захисними символами. Здалося б, у комахах немає нічого чарівного, але ж ні! Раніше існувало повір'я, що мухи приваблюють багатство. Змій уважали за захисні обереги. Захисницею була Медуза Горгона. Вірили, що вона відганяла зло. Мабуть, це був найзахищеніший будинок у Києві — стільки тут амулетів. Певною мірою це спрацювало. За сто з гаком років інтер'єри не вціліли, але ліпнина й елементи на фасадах залишилися без змін.

РОЗДІЛ 2

Лякачки

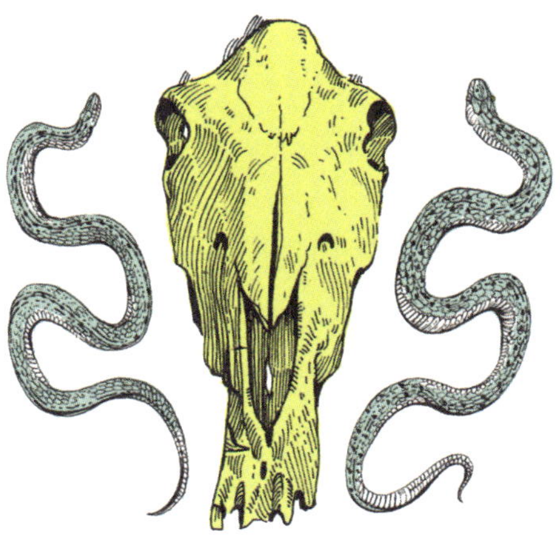

Потоп і дзвони

Пильно придивися до Андріївської церкви. Що в ній відрізняється від інших церков? Правильно, тут немає дзвонів. Їх не встановлювали, щоб не розбудити «підземне море» й не затопити Київ. Звідки взялася лякачка про київський апокаліпсис? Це заплутана історія.

За відомим переказом, святий Андрій Первозваний, один із дванадцяти апостолів Ісуса Христа, подорожував країнами навколо Чорного моря. Проповідуючи, він дійшов і до місця, де колись буде Київ. Тут, на мальовничих горах, апостол поставив хрест і пророк: «Чи бачите гори ці? Повірте мені. На них возсіяє благодать Божа». Що ж, принаймні ця частина справдилася. Київ таки прегарний.

Розширена версія легенди каже, що Андрій стояв на горі, де тепер височіє Андріївська церква. Перед ним до обрію лежало «море». Коли апостол поставив свій дерев'яний хрест, то сховав у гору всю воду. Про «сховане море» ніхто довго не згадував, доки 1747 року тут почали будувати Андріївську церкву.

Цю блакитну красуню італійський архітектор Растреллі споруджував 8 років. Що не день — то сюрприз. Місце обрали складне — на крутогорі. Важко було поставити й укріпити фундамент, часто-густо натикалися на сховані в горі джерела. Воду відводили, але вона з'являлася знову і знову. Як тут не пригадати чарівного хреста Андрія, який «сховав воду»? Передзвін може розбудити «підземне море», і воно затопить увесь Київ. Тому в Андріївській церкві в жодному разі не можна було встановлювати дзвони!

Історики, звісно, мають інше пояснення. І «море» тут ні до чого.

Андріївська церква, Андріївський узвіз, 23

Андріївську церкву будували як палацову для імператриці Єлизавети Петрівни. Така собі церква для обраних. Палацові храми дзвіниць не мали, бо в благовісті, який скликав вірних до молитви, не було потреби. Хто впустив би простих людей усередину? Інша річ, що імператриця померла, а церква так і не стала палацовою. Але й дзвіниця там не з'явилася. Для киян це була дикість: усі храми були зі дзвонами, а цей — без. От вони й знайшли оригінальне пояснення.

*Коли побудували **Андріївську церкву**, сам узвіз теж почали називати Андріївським. Він має репутацію наймістичнішої вулиці у столиці. Якщо поглянути на **Андріївський узвіз** із висоти, він нагадує тіло звивистого змія. Придивися пильніше до номерів будинків. У всьому світі нумерацію заведено починати від центру міста. Андріївський узвіз не підпорядковується цим правилам. Нумерація будинків іде знизу, від Подолу. Все навспак!*

Залізна баба з мечем

Знаєш, хто така Залізна баба? А Баба з мечем? А Лаврентіївна? Так кияни називали Батьківщину-Матір — через її форми та недоречне сусідство з лаврою. Словом, кияни спершу незлюбили цей монумент і шукали в ньому самі недоліки. Казали, що вона стоїть на проклятому місці — на Чорній горі. Складали всілякі нісенітниці, що вночі Батьківщина-Мати б'є мечем об свій щит. Гадали, чи до добра те, що скульптор Василь Бородай надав пам'ятникові рис Галини Кальченко — української художниці, яка померла від тяжкої хвороби. А скільки балачок було про те, що Батьківщина-Мати принесе нещастя Києву, бо вона вища за Велику лаврську дзвіницю.

Подейкували, нібито митрополит Філарет мав видіння, що не можна піднімати меч (себто символ війни) вище від хреста дзвіниці (символу смиренності), бо це призведе до війни, «якій не буде кінця». І буцімто він просив укоротити меч. Так і зробили. Але не через віщі сни митрополита.

Меча вкоротили, щоб поліпшити аеродинамічні властивості зброї. За більшої довжини меч вібрував би та гойдався від вітру. До речі, з цієї ж причини його зробили ромбоподібним, а не пласким. Меч бо не іграшковий, а важить майже 9 тонн.

Легенда про прокляття Києва, якщо тут побудують щось вище за Лаврську дзвіницю, жила довго, аж доки набудували хмарочосів. Наприклад, житловий комплекс на Кловській. Його висота — 162 метри (а це як дзвіниця плюс скульптура Батьківщини-Матері, щоправда, без постаменту).

Здається, сьогодні у киян налагодилися стосунки із цим монументом. Часто згадують, що наша «кияночка» входить до четвірки найвищих скульптур світу, що вона вища навіть за Статую Свободи. І вряди-годи її називають уже не Залізною бабою, а захисницею Києва.

Батьківщина-Мати, вул. Запечерна

Скільки в Києві Лисих гір?

Усі чули про Лису гору в Києві. Але щонайменше п'ять височин у столиці претендують на цю роль. Яка ж із заявлених справжня?

Лисою називали Михайлівську гору в районі Чортового беремища, сьогодні це Володимирська гірка — там, де їздить фунікулер. До Михайлівського Золотоверхого собору тут було розташовано одне з головних капищ, де стояв ідол Перуна. Тому пагорб у давнину називали Перуновим.

Коли Володимир хрестив Русь, ідола «скинули». Кажуть, чорт, який сидів на дерев'яному ідолі, голосно ревів від горя, тож це урочище прозвали Чортовим беремищем: «чортово бремя» означає «чортове горе». За іншою версією, «бремя» — це тягар. Тягнути велику дубову статую — справа не з легких. Перуна волокли приблизно там, де тепер проходить траса фунікулера. Зрештою статую допхали до берега і скинули у Дніпро.

Замкова гора теж змагається за звання Лисої. Вона має таємне ім'я Києвиця. Києвицями у давні часи називали жінок, яких уважали за київських відьом.

Славу Лисої гори заслужила і Юрковиця (деякі дослідники називають її горою Хорива). Іще одна Лиса гора зі старих путівників міститься в районі сучасного бульвару Перова, на лівому березі міста. Сьогодні ти її не побачиш: височину зрівняли із землею, коли будували кінотеатр «Аврора». Тепер тут розташовано торговельний центр «Квадрат».

Найвідоміша Лиса гора (або Дівич-гора), що на Видубичах, має дуже капосний характер. Вона «скидає» із себе все, що на ній будують. Гора хоче залишатися лисою.

Стільки лякачок розповідають про це місце! І не тільки про шабаш відьом і тусівку всілякої нечисті. Про дивне сяйво вночі над люками; про повалені дерева, які вміють оживати й ходити на своєму вітті, як павуки; про привидів, моторошні звуки і портали в інші світи... Прекрасний матеріал для горрору! Але відсуньмо лякачки вбік. Спробуймо з'ясувати, чому ця гора має таку «жахливу» репутацію.

Лиса гора — це гора, на вершині якої немає дерев. Наші пращури вирубували їх, щоб улаштовувати капища для своїх богів. Звісно, із прийняттям християнства такі місця автоматично заносили у список недобрих.

Кажуть, коли кияни втікали від Батиєвих орд, багато хто сховався в печерах Лисої гори. Вороги зруйнували входи в підземелля й поховали людей живцем. У XIX столітті тут побудували Лисогірський форт — частину Київської фортеці. Солдати були забобонні, не мали освіти, але пам'ятали народні перекази про живцем похованих тут людей. Чи ж дивно, що вартовим перед виходом на вахту давали загадкові інструкції: «Не переслідувати темних силуетів і не звертати уваги на незрозумілі шуми».

Лиховісна репутація остаточно закріпилася за горою, коли на «Лисці» зробили «закриту зону» й виконували смертні вироки. Часто страчених тут же й ховали. Саме тут стратили Багрова, вбивцю Столипіна.

Ну, і як не згадати про вибух боєприпасів Лисогірського форту в 1918 році, від якого здригнувся мало не весь Київ.

Гору умовно поділяють на три частини: Русалчин і Відьомський яри та Мертвецький гай. Від самих назв — мурахи по шкірі.

Іще одне «темне» місце — урочище Горбачиха. Раніше воно називалося ***Відьмині кучугури.*** *Омиває урочище* ***Чорторий*** *— це друга назва протоки Десенки. Красномовна назва: «чорти риються».*

Лиса гора на Видубичах

Старокиївська гора, вул. Володимирська, 2

Гора Старокиївська

Звідки почався Київ? Зі Старокиївської гори. Саме вона (ну, звісно ж, не Хрещатик!) є історичним центром міста. На горі хоч де ступи — натрапиш на якусь археологічну пам'ятку.

Тут був княжий палац. До наших днів зберігся фундамент терема княгині Ольги. За історичним музеєм раніше гудів Бабин торжок — міська торгова площа, прикрашена статуями (бабами), що їх князь Володимир привіз із Корсуню (Херсонесу). Який цікавий збіг! Тепер це частково територія Андріївського узвозу, на цьому місці завжди кипить торгівля, зокрема сувенірами.

Тут було капище наших пращурів. Овальний майданчик із чотирма виступами на всі сторони світу, який бачимо поруч із музеєм, — це реконструкція для туристів. Щось подібне знайшов на цій горі археолог Вікентій Хвойка. Вчені вважають, що це був жертовник Світовидові, якого язичники вважали богом сонця, війни та перемоги.

Перша кам'яна церква Русі, Десятинна, теж розташовувалася на Старокиївській горі. Церква була величезна, навіть більша за сучасний Володимирський собор. Князь Володимир обіцяв віддавати десяту частину доходів на неї. У літописі є запис про те, що буде, коли цього не виконати: «Якщо хто це відмінить — хай буде проклятий». Ці слова називають «прокляттям Володимира», яке тяжіє над усім Києвом. Кажуть, місто відродиться у повній силі лише тоді, коли відбудують Десятинну церкву.

Здивуєшся: тільки й того? Узяли б відновили – і прокляття знято! Але не все так просто. У нас немає документальних свідчень про первісний вигляд церкви. Та й спорудити її не можуть, бо це перевантажить схил. У 1937–1939 роках тут уже збудували Музей історії України. До речі, його хотіли поставити на фундаменті Десятинної церкви, але, на щастя, цього не сталося.

Стіни музею «підперто» половецькими бабами. Обов'язковий атрибут саме половецьких баб — чаші зі священним напоєм, що їх статуї притискають до живота. Це ідоли-обереги, які колись охороняли капища в українських степах, а тепер стережуть київський музей.

На горі є липа Петра Могили. За офіційною версією, дерево посадив Петро Могила — київський митрополит, засновник Могилянського колегіуму. Отже, липі скоро виповниться чотири сотні років. Деякі вчені вважають, що дерево значно старше і йому близько тисячі років. Якщо гіпотеза правдива, воно застало розквіт Київської Русі. До нас дійшла давня легенда про липу на Старокиївській горі, під якою князі мирилися після міжусобиць та присягалися у вічній дружбі.

***Вікентій Хвойка** — археолог, який відкрив трипільську цивілізацію.*

Місто мертвих

Знаєш, де в Києві розташовано старовинне «місто мертвих»? Може, йдеться про центральне Байкове кладовище? Ні, воно ще «молоде», відкрите тільки в XIX столітті. Це — гора Щекавиця. Та сама, на якій «сидів» Щек, один із братів-засновників Києва.

Друга назва гори — Олегівка, адже саме тут поховано князя Олега, якого називали Віщим. За літописною легендою, віщун передбачив князю смерть від власного коня. Так і трапилося: Олег прийшов на могилу коня, і його смертельно вжалила змія, яка виповзла із черепа скакуна. На тій горі й поховали князя. Де ж Олегова могила? На жаль, невідомо. Археологічні розкопки на невеличкій ділянці гори підтвердили: у ті часи тут справді був цвинтар. Однак археологи зізнаються: Щекавицю ще мало вивчено.

Містом мертвих гора стала у XVIII сторіччі під час епідемії чуми. Тоді помер кожен третій киянин, і померлих ховали на Щекавиці. Вулиці, які оточували гору, мали моторошні назви: Погребальна, Чорний Яр...

Потім там зробили міське кладовище, де було поховано чимало знаменитостей: Меленського (архітектора, який збудував церкву-ротонду на Аскольдовій могилі й колону Магдебурзького права), Балабухів (відомий рід, що придумав київське сухе варення, сьогодні відоме як цукати), композитора Артемія Веделя...

Не запитуй, де їхні могили. Ми не знаємо. Радянська влада майже повністю знищила некрополь і втулила на гору радіовежу-«глушилку». Шкода, а це міг бути наш Пер-Лашез.

Так зветься відомий цвинтар у Парижі, куди ходять як до музею. На київській горі залишилося тільки два крихітних клаптики від великого старого кладовища: мусульманський та старообрядницький цвинтарі. Православна частина занедбана, закинута й така моторошна, що хоч жахастик знімай.

Поряд зі старовинним ***мусульманським*** *кладовищем розташовано мечеть* ***Ар-Рахма****. З арабської назва перекладається як «милосердя». Це перша мечеть у Києві.*

Гора Щекавиця

Таємниці Провалля

У газеті «Кіевлянинъ» за січень 1898 року є замітка про бідолаху-солдата, який збожеволів просто на службі у ніч перед Різдвом. Отже, 6 січня 1898 року рядовий Симеон Виноградов опівночі заступив на варту. Раптом пролунала хаотична стрілянина. Стріляв Виноградов, до того ж верещав, як різаний, що через Дніпро на Київ по кризі суне армада Чингісхана. Всі подумали, що рядовий звихнувся. Викликали лікаря, який і підтвердив невтішний діагноз...

Що ж це за місце, де люди з'їжджали з глузду?

Це територія сучасної «Зеленки», наймістичніший закуток Києва. У давнину його називали Проваллям. І не дивно, адже тут круча, а за нею — провал. Місце вважалося недобрим і поступалося поганою славою хіба що Лисці. (За віруваннями наших пращурів, у ямах жила нечиста сила.)

У XIX сторіччі тут збудували Подільський верк — два напівкруглих підпорних мури Печерської фортеці та водопровідний тунель. Мури захищали підступи до Ланцюгового мосту, а також укріплювали кручу від зсуву.

1949 року полонені німці спорудили у Проваллі Зелений театр просто неба. Його будували не на порожньому місці, а використовували ті самі підпорні мури. У театрі «крутили» кіно, давали концерти. Але «Зеленка» скоро показала свій підступний характер!

У театр влучила блискавка, і він згорів. Чи не тоді виникла легенда, що на цю територію древні чаклуни наклали закляття вогню. Хоч що тут поставлять, воно все одно згорить. Після пожежі театр відбудували, але він уже не мав тієї слави і понад двадцять років стояв занедбаний.

У 2000-х там проводили дискотеки, але це тривало недовго. Нещодавно театр знову відремонтували, та поки що в ньому нічого не відбувається.

Про «Зеленку» складено стільки страхачок, що сам Стівен Кінг, король жахастиків, позаздрив би! І вартові божеволіли, і потаємний Господар, який недолюблює непроханих та неввічливих гостей, існує. І підземні ходи звідси тягнуться аж до Чернігова, і відкриваються портали в інші виміри... Мережею блукає історія про зграйку відчайдухів, які полізли у тамтешні підземні лабіринти й не повернулися.

Зелений театр, Паркова дорога, 2

У «Зеленці» і справді є штольні. Тунель із водопровідними трубами проходить від Дніпра до Арсенальної площі. Та й два підпорні мури сполучено підземним лазом. У жодному разі не радимо туди лізти: це вкрай небезпечно.

«Зеленка» має багато таємниць. На одному з підпорних мурів видно сліди від куль... Історики ламають голову, звідки вони взялися, адже боїв у фортеці, зокрема в цій її ділянці, не було. Можливо, енкаведисти розстрілювали тут якихось нещасних. Місце ж відлюдне.

Якщо пройтися доріжкою від «Зеленки», потрапиш до Аскольдової могили. Саме тут Олег убив князя Аскольда, бо захотів зайняти його місце. На Аскольдовій могилі з давніх-давен було кладовище. Щоправда, совєти варварськи знищили некрополь, церкву-ротонду святого Миколая перетворили на павільйон для виставок і ресторан. Лише після здобуття незалежності церкві було повернено первісний вигляд.

Аскольдову могилу любив Кобзар. Шевченко не раз приходив сюди на пленер і навіть намалював церкву-ротонду, про що нагадує пам’ятний знак. А от місце, де тепер розташовано «Зеленку», було до душі містичному Булгакову: Провалля його вабило.

***Верк** — укріплення, окрема частина фортеці, яка може вести самостійну оборону. Подільський верк до наших часів не зберігся. Його було зруйновано 1951 року, коли розширювали Набережне шосе.*

***Михайло Булгаков** — письменник-містик, автор знаменитого роману «Майстер та Маргарита». Булгаков 28 років із 49-ти прожив у Києві. Понад половину життя! Звісно, в Києві є чимало «булгаковських» місць. Але найпопулярніше — дім № 13 на Андріївському узвозі, де сім’я Булгакових орендувала квартиру. Сьогодні тут музей.*

РОЗДІЛ 3

Темне минуле

Коні-привиди

Міська легенда-лякачка попереджає: не гуляй на світанку вулицею Городецького. Там у досвітковому тумані можна побачити примари коней. Іноді вони мчать на перехожих, наганяють страху, а тоді враз розчиняються в імлі...

Звідки в центрі міста, поряд із Хрещатиком, коні?

Був собі такий Петро Крутіков, син генерал-майора. Вчився на юриста в Університеті Святого Володимира (тепер це Київський національний університет ім. Тараса Шевченка). Працював у Судовій палаті. Серйозний чоловік. Але... одного дня взяв і звільнився. Вирішив займатися тим, що любить по-справжньому: дресируванням коней. Його називали «барином-самодуром», але він не зважав і впевнено йшов за своєю мрією.

Крутіков звернувся до керівництва міста й попросив дозволу за власні кошти побудувати цирк і зібрати добру трупу. Йому це дозволили. Він продав маєток, отриманий у спадок від батька, купив ділянку на нинішній вулиці Городецького (де ще донедавна працював кінотеатр «Україна»). Усього за півроку двоповерховий цирк був готовий, і 23 листопада 1903 року його було відкрито для відвідувачів. Він став одним із найбільших цирків Європи: його зал було розраховано на 2 тисячі осіб. Для зіставлення: Київський оперний театр уміщує 1650 глядачів.

Крутіков назвав свій цирк «Гіппо-палас» (Кінний палац). Трюки коней були «коронним номером» усіх програм, кияни дуже любили ці вистави. Особливим було те, що Крутіков дресирував коней без батога. Без жорстокості.

Цирк Крутікова гастролював і прославився на весь світ. Кажуть, у Крутікова були заздрісники. І буцімто його коней одного дня підступно отруїли... Може, то вони тепер з'являються в передсвітанковому тумані?

У «Гіппо-паласі» була чудова акустика. Його використовували і як концертний хол: саме там співав Шаляпін, показував номери український силач Іван Піддубний, читав вірші Маяковський. Шкода, що цирк не зберігся до наших днів: 1941 року його підірвали радянські війська за принципом: «Тож не діставайся ти нікому!» Разом із цирком тоді було знищено і пів-Хрещатика.

«Гіппо-палас», вул. Архітектора Городецького, 5

Косий капонір, вул. Госпітальна, 24

Страхіття Косого капоніра

Ти знаєш, що в Києві є величезна фортеця? Не віриш? А вона є! Просто її частини розкидано по всьому місту, сховано за спинами нових будинків. Це і укріплення, і цитадель, і арсенали, і казарми... Такий собі хамелеон у середмісті. Звісно, неможливо «окинути» оком усі споруди відразу. Загальна площа фортеці — понад тисячу гектарів. Фортеця збереглася майже повністю. Ще б пак, її жодного разу не використовували за призначенням, тобто для бою. Найвідоміший об'єкт — Косий капонір, розташований на території головного військового шпиталю (до речі, теж частина фортеці). Дивна назва, чи не так? Річ у тім, що стіни Косого капоніра будували під кутом (а отже, косо) до земляного валу фортеці. Звідси й назва.

Фортецю спорудили, і ніхто не наважився її штурмувати. Що робити із силою-силенною приміщень? Їх почали потроху прилаштовувати під потреби міста, щоб «добро не пропадало». Косий капонір було перетворено на в'язницю, а його підземні каземати — на камери для в'язнів. Провести тобі екскурсію? Не тремти! Зараз там нікого не ув'язнюють. Сьогодні Косий капонір — це музей.

Раніше тут тримали під арештом переважно політичних в'язнів: тих, хто «замахувався» на царя, підбурював народ на революції та повстання. В'язнів, яким виносили смертний вирок, везли із в'язниці на чорній кареті на Лису гору. До речі, сьогодні це експонат музею. Колись кияни вважали поганою прикметою зустріти цю чорну карету зі смертником... Карета й досі вселяє страх, і багато відвідувачів музею обходять її десятою дорогою.

Але приз у батлі «Найморошніший експонат Косого капоніра» все-таки отримають тамтешні карцери. Крихітні темні кімнатки. Чорні міцні двері... Коли сюди садили арештанта, підлогу поливали водою, щоб в'язень не міг лягти, а тільки стояв і «думав про свою поведінку». Годували раз на день: хлібом і водою...

Моторошну штуку спроектував комендант Медер. Іронія долі: Медер помер у своєму ж «дітищі» 1918 року. Чи не його душа блукала Косим капоніром і лякала всіх? Працівники музею бачили «тіні» та чули дивні звуки. До фортеці запросили священика, який освятив приміщення музею. Кажуть, після цього дивні звуки зникли. Але гнітюча атмосфера, звісно, нікуди не поділася. І чорна карета, і темні карцери досі страшать екскурсантів.

Привиди письменницького дому

Загадка: де можуть зустрітися -надцять письменників разом? На презентації? На тусівці? А як тобі варіант: у себе вдома?

У Києві є дивовижний будинок, у якому в різні часи мешкало понад 130 письменників. У цьому домі жили майже всі, хто є у шкільній хрестоматії: і Малишко, і Рильський, і Сосюра, і Гончар...

РОЛІТ, вул. Богдана Хмельницького, 68

Будинок називається РОЛІТ, тобто «робітник літератури». У радянські часи була така пристрасть: скорочувати довгі назви й утворювати абревіатури.

Кооператив почали будувати 1934 року. Не обійшлося без містики. Під час будівництва довелося знести старий дерев'яний будиночок. У замурованій стіні знайшли жіночий скелет... Розслідувати задавнену справу не стали, і, кажуть, відтоді неупокоєна душа блукає навколо РОЛІТу...

Але чи це точно душа тієї панянки? І чи тільки її?

36 мешканців РОЛІТу радянська влада репресувала, багатьох розстріляли. Кажуть, уночі біля дому іноді з'являється примара чорного «воронка». Це автомобіль, яким чекісти відвозили людей на допит.

Бачили тут і інших привидів. Наприклад, стариганя із краваткою-метеликом та з цигаркою, дуже ввічливого, він вітався українською. Хто б це міг бути? Та під такий опис пасує ледь не половина мешканців!

Іще один відомий привид письменницького будинку — молодий чорнявий хлопець у шинелі. Одяг наштовхує на думку, що це військовий. Можливо, Платон Воронько, поет-фронтовик. Але він пройшов війну і помер у поважному віці, аж ніяк не юнаком. Є інша версія, що це поет Микола Шпак. Той пішов на війну, брав участь у боях на підступах до Києва, потрапив у полон, а потім — у концтабір. Звідти втік, прорвався в окупований Київ, а звідти на Житомирщину. Там організував групу опору, але його видали поліцаям. У 1942 році поета стратили гестапівці. Йому було 33 роки. Можливо, РОЛІТом блукав його фантом.

P.S.: Не забувай, що привидів бачили творчі люди, а в них — бурхлива фантазія.

«Олівець» на кістках

Є прикмета, що не можна нічого будувати на місці цвинтаря.

Київський телецентр хотіли спорудити ще в 1960-х роках, але ніяк не складалося. І ось 1983 року врешті зібралися і швиденько знайшли вільне місце. Ну, майже вільне. У радянські

Телецентр, вул. Юрія Іллєнка, 42

часи на місця поховань не особливо зважали. Лук'янівське єврейське кладовище, відкрите ще наприкінці XIX сторіччя, знищили. Перепоховати вдалося небагатьох, бо на це дали зовсім обмаль часу. Решту «незатребуваних» надгробків скинули в сусідній Реп'яхів Яр, де вони донедавна лежали. Тепер їх «витягли з небуття» і поставили вздовж Алеї праведників у Бабиному Яру (так, тому сумнозвісному яру, де нацисти страчували невинних євреїв, українців та ромів).

На «звільненому» від кладовища місці виріс телецентр. Як склалася його доля?

«Олівець» (подивися на форму будівлі й зрозумієш, чому його так назвали) — це відомий довгобуд. Його споруджували 9 років, роботи періодично заморожували. Здали будівлю 1992 року, але верхні поверхи та головний вхід досі не закінчено. До телецентру заходять через непримітний бічний коридор. Концертну залу теж не доробили...

В «Олівці» часто спалахували пожежі. Містика? Проблему вирішили у вельми оригінальний спосіб: тут є власна пожежна частина. Жодна інша споруда в Києві цим не похизується.

До речі, телевежа, розташована неподалік, теж стоїть на зруйнованому кладовищі. Бабин Яр пам'ятає іще одну трагедію. У радянські часи тут побудували дамби, в які зливали відходи цегельних заводів. У березні 1961 року потужний селевий потік вирвався із Бабиного Яру й затопив Куренівку. Потік повністю знищив трамвайне депо, десятки будинків, Копилівський цвинтар, затопив стадіон «Спартак». Техногенна катастрофа забрала життя багатьох людей.

Янголи і демони Врубеля

Хто такий Врубель? «Це художник, який малював демонів», — скажеш ти. Так. А ми додамо: «А також Богородицю, Христа, Мойсея, янголів». Свій двобій між світлим і темним Врубель вів упродовж життя, допоки темрява його поглинула. Але починалося все зі світла.

Кирилівська церква, вул. Олени Теліги, 12

Врубель був студентом Петербурзької академії мистецтв. Його талант розгледів київський професор Адріан Прахов, який саме шукав художників для реставрації Кирилівського храму.

Кажуть, коли Михайло Врубель спустився на перон київського вокзалу й запитав, де Кирилівська церква, йому відповіли: «То вам треба в дурдом». Пророчі слова? І так, і ні. Ні, бо він поспішав на реставрацію, просто біля церкви була територія психіатричної лікарні, «Кирилівки». Але й так, бо художник помре в такому ж закладі.

Але про все по черзі.

У Кирилівській церкві Врубель працював без перепочинку. Усі роботи для цього храму він виконав за рекордні п'ять місяців.

Цікаво, що «персонажів» він змальовував із киян. Скажімо, на фресці «Зіслання Святого Духа» можна впізнати і його шефа Прахова, і відомого археолога, і самого Врубеля. А інших персонажів Врубель писав із натури... з пацієнтів психіатричної лікарні.

Богородицю митець намалював з Емілії Прахової, дружини начальника. Врубель закохався в неї по вуха, та кохання було невзаємним, і це просто зводило з розуму — у прямому сенсі слова. Врубель і без того був трішки диваком. То намастив собі носа зеленою фарбою, то вбрався, як венеціанець із картин Тінторетто: оксамитовий костюм, короткі штанці-кюлоти й штиблети. Невзаємне кохання його спустошило.

Саме тоді художник переключився зі святих на демонів. У рисах цих злих духів можна впізнати риси Емілії Прахової. Ті ж великі скорботні очі, та ж незбагненна печаль.

Врубель мав розписувати Володимирський собор, але комісія на чолі з Адріаном Праховим відхилила його ескізи. Помста Прахова? Нічого впадати за його дружиною? Ревнощі? Хтозна.

Сам Прахов казав, що якби його воля, він побудував би храм, який розписував би тільки Врубель. Шкода, що все обмежилося словами.

Ходять чутки, що кандидатуру Врубеля таки прийняли. Кажуть, уночі художник намалював у притворі Богоматір зі спотвореним обличчям Прахової, з кігтями, як у кішки. Перші тривожні дзвіночки хвороби? Звісно, розписи зафарбували, Врубеля відсторонили. Офіційно сказали, що Врубель не вписується в товариство Васнецова, Нестерова та інших митців.

Малювати демонів одного за одним Врубель почав у Москві.

Коли він приїздив до Києва, завжди відвідував Кирилівську церкву і годинами роздивлявся власні роботи. Якось Врубель сказав: «Це те, до чого варто було повернутися». Мабуть, він мав на увазі свою «світлу» сторону. У Києві Врубель писав біблійні сюжети. У склепінні Софії Київської він намалював трьох архангелів. У Київській картинній галереї зберігається просто дивовижна робота — «Янгол із кадилом і свічкою». До речі, її забракували для Володимирського собору.

Наприкінці життя Врубель дуже страждав. Помер художник у психіатричній лікарні.

Оперний театр, вул. Володимирська, 50

Убивство в оперному

Київський оперний театр збудували на місці погорільця — старого оперного, знищеного пожежею. Рівно через десять років після відкриття нового театру тут сталася драма. І не на сцені, а в реальності. Під час вистави «Казка про царя Салтана» було вбито прем'єр-міністра Російської імперії Петра Столипіна.

Це одне з найгучніших убивств XX століття.

Прем'єру «Казки про царя Салтана» мав дивитися імператор Микола II і вся його свита. Потрапити до театру було нереально. Квитків не продавали в касі: вони були іменними, і навіть не всі київські начальники їх отримали.

Дмитро Богров був таємним агентом поліції. Він придумав хитру історію, буцімто готується замах на одного з міністрів, а він укаже на зловмисника. Вочевидь, його (як «свого») не обшукували, і він тихцем проніс зброю до зали. Історики й досі не розгадали, як Богрову вдалося так легко обвести охоронку довкола пальця. Невідомо, хто насправді «замовив» Столипіна, все це таємниці історії. Спробуймо зробити реконструкцію того вечора.

Отже, 1 вересня 1911 року.

Микола II — у царській ложі. Столипін сидить у першому ряду партеру. Дмитро Богров — на гальорці, в останньому ряду партеру.

Вистава довга, триває чотири години. Під час другого антракту прем'єр-міністр пройшовся до оркестрової ями. Вочевидь, щоб розім'яти затерплі ноги. Богров наблизився на відстань двох-трьох кроків і двічі вистрелив у нього.

Одна куля наскрізь пробила прем'єрові руку і поцілила в ногу скрипалеві з оркестру. Інша влучила в орден на грудях Столипіна, відрикошетила й зачепила йому печінку.

Як гадаєш, хто схопив убивцю? Поліція? Ні. Розлючені глядачі.

Пораненого відправили в клініку Маковського (сьогодні — вул. Гончара, 33). Скликали всіх світил хірургії, але марно: Столипіна не вдалося врятувати. Через п'ять днів він помер. Столипін проводив доволі жорстку політику, на нього було здійснено понад десяток замахів. Тож не дивно, що прем'єр написав заповіт зі вказівкою поховати його там, де він помре. Так і сталося: його могила — в Києві, на території лаври, біля Трапезної церкви.

Терориста запроторили в Косий капонір. Суд виніс смертний вирок, Богрова вивезли із в'язниці чорною каретою на Лису гору й стратили.

Що цікаво: згодом, уже за радянських часів, партійна верхівка та перші люди країни сторонилися «царської ложі» в київській опері. Чи то вважали її нещасливою, чи боялися привида Столипіна. Але ложа ніяк не пов'язана з трагедією: сидів Столипін у партері, а кулі влучили в нього біля оркестрової ями.

У бібліотеці театру зберігається партитура «Казки про царя Салтана». Вона лежала на пульті диригента, коли Богров вистрелив.

Партитура *— тут: нотна книга із записом усіх партій музичного твору.*

Охоронка *— простонародна назва охоронних відділень Російської імперії. Ці підрозділи поліції здійснювали політичний розшук, використовуючи широку мережу секретних агентів.*

РОЗДІЛ 4

Загадки

Де жив Змій Горинич?

Легенда про київського Змія має безліч альтернативних «режисерських» версій. Хто тільки не змагався із цим терористом, який викрадав князівен і киянок! І Кирило Кожум'яка, і Добриня Микитич, і казковий Котигорошко, і навіть засновник міста. Легенда каже, що Кий запряг Змія в плуг

Змій Горинич

і зорав ним землю. Так буцімто утворилися Змієві вали, які й сьогодні можна побачити біля дніпрових приток. То де ж мешкав Змій? Ось його ймовірні «адреси» у Києві.

№ 1. Під Кирилівською церквою. Кажуть, там була гадюча печера. Така глибока, що сягала самісінького пекла. До речі, в околицях Кирилівської церкви і справді є підземні склепіння, їх там щонайменше зо двадцять. Одне підземелля археологи визнали за найстаріше: йому понад чотири тисячі років. У радянські часи печери замурували, адже через пустоти страждав храм, по ньому йшли тріщини. Хоча це тільки офіційна версія.

№ 2. Смородинські печери на однойменному узвозі. У билинах згадується річка Смородинка, яка текла неподалік лігва Змія. Сьогодні річки такої вже немає, а от вхід до підземелля є. Щоправда, печера невелика, і важко уявити, як Горинич міг там уміститися.

№ 3. Реп'яхів Яр. Це й тепер моторошне місце, поросле бур'янами та реп'яхами, що якраз пасує такому розбишаці, як Змій.

№ 4. Оболонь. Володіння Змія були на другому березі ріки Почайни, себто на території сучасної Оболоні. Тут із розбійником і викрадачем красунь боровся Добриня Микитич. Дві вулиці цього району називаються Богатирська та Добрининська. Нещодавно на Оболонській набережній поставили бронзову скульптуру Котигорошка, який переміг Горинича.

Де шукати найстарішу бібліотеку?

Хто з нас не любить квестів? Історики теж від них у захваті. Куди поділася славнозвісна бібліотека князя Ярослава Мудрого? Ось уже стільки століть розгадують — і ніяк не знайдуть відповіді.

Дзвіниця Софійського собору

Скажеш: «Ет, це ж лишень якісь книжки!» Не «якісь». Їх писали вручну (Ґутенберґ винайде друкарський верстат тільки в середині XV століття). Двох однакових книг просто не могло бути у природі. Тексти прописували на дорожезному пергаменті, зробленому зі шкіри молодих телят чи овець. Для однієї книги середнього розміру треба було ціле стадо. Палітурку робили із сап'янової шкіри, а оклади прикрашали золотом, сріблом і коштовним камінням. Такі книги були страх які дорогі. Людина, котра мала бодай одну книжку, вже була багатієм. А скільки ж їх нараховувала бібліотека Ярослава Мудрого? Літопис каже про невизначену кількість: «книг множество». Сотні? А може, тисячі? Навіть якби ми знайшли одну, це була би сенсація.

Нумо пограймося в Шерлока й подумаймо, де може бути скарб.

Нападають вороги. Як урятувати книги? Можливо, щоб не ходити далеко, їх сховали тут же, у підземних лабіринтах Софійського собору? Чому бібліотеку досі не знайшли? Річ у тому, що про значну кількість ходів під Софією ми й досі не знаємо.

Навесні 1916 року поблизу собору утворилося провалля, вчені спустилися туди і в одному з підземних коридорів знайшли дощечку із написом: «Хто знайде цей хід, добереться до скарбів Ярослава». Фальсифікація? Чийсь жарт? Хтозна. Напис тоді датували приблизно XVIII сторіччям. Сьогодні вчені точно визначили б його вік. Але дощечка зникла у вирі революції.

Де ще можна було заховати бібліотеку? Є варіанти: або у Видубицькому монастирі, або в лабіринтах лаврських печер. Звісно, книги могли згоріти. Але в нас немає історичних свідчень про їх знищення в пожежі 1240 року. А відтак є надія, що «архіва» (так у ті часи називали бібліотеку) Ярослава Мудрого чекає, коли її знайдуть.

«Печера Аладдіна»

Де ти зберігаєш свої скарби? Під матрацом? У скриньці з ключиком? Чи в тебе є надійний сховок, заритий у землі? Приблизно так ховали коштовності наші пращури. А як інакше: надійних банків тоді ще не було.

Успенський собор, вул. Лаврська, 15

Існує легенда про незліченні скарби Києво-Печерської лаври. Буцімто на її території є величезний варязький скарб. Запис про це є в Києво-Печерському патерику. Ось яку читаємо історію. Буцімто на місце, де сховано золото, вказав монахові Федору вві сні сам диявол. Монах піддався спокусі, розкопав печеру і навіть збирався дременути з коштовностями геть. Але інший монах, Василь, допоміг Федорові отямитися. Вони знову сховали скарби — від гріха подалі!

Для нечестивого найвища насолода — звести ченця на манівці, тож диявол не заспокоївся. Він нашептав про золото на вушко київському князю. Той звелів привести монахів, щоб вони розповіли про скарб. Князеві страх як захотілося додаткового багатства! Почався «допит із пристрастю», та ченці до останнього подиху зберегли таємницю.

Преподобні Федір та Василь — цілком реальні персонажі. А от чи була «печера Аладдіна» зі скарбами — невідомо. Точно відомо про випадкову знахідку 1898 року в Успенському соборі.

Храм тоді був на ремонті, дерев'яну підлогу замінювали на кам'яну. Коли настил зняли, відкрилася чавунна плита над входом до потаємної ніші. Ось у ній і знайшли бочку з коштовностями. Золотих монет виявилося 25 кілограмів із верхом, а срібних — майже 300 кілограмів. Уважають, що це монастирська скарбниця, яку сховали від російського царя Петра І. Чому ж про схованок забули? Це легко пояснити. Наприкінці XVIII сторіччя в місті лютувала чума. Вочевидь, епідемія забрала життя тих, хто знав про «Успенський скарб».

***Патерик** (із грец. «патер» — батько) — збірник оповідань із життя святих отців та ченців певного монастиря. Нерідко оповідання розповідають про чудеса.*

Миколо-Йорданський храм, вул. Кирилівська, 53

Де в Києві телепорт?

Гуляючи довгою Кирилівською вулицею, зазирни в провулочок із назвою Мильний. Там, за спиною гори Юрковиці, знайдеш Миколо-Йорданський храм. Що пов'язує Київ і Йордан? Телепорт! Принаймні в це вірили наші предки. Розповімо тобі легенду, пов'язану із цим храмом.

Один наш земляк відвідував Святу Землю. Він хотів напитися води з річки Йордан — так-так, саме тієї, в якій хрестився Ісус Христос. Чоловік дістав із торби свою срібну чашу — неабияку, оригінальної роботи, — але чи то стомився, чи просто незграбний був: упустив чашу у воду. Пиши пропало...

Паломник повернувся до рідного Києва. Якось пішов молитися в церкву святого Миколая біля Юрковиці. Після служби захотів набрати води в криниці біля храму. І побачив у джерелі свою срібну чашу, яку загубив на Святій Землі, за тисячі кілометрів звідси.

Висновок зробили відразу: Київ сполучено з Єрусалимом підземним руслом, а в джерелі біля церкви Миколая тече йорданська вода. Відтоді монастир почали називати Миколо-Йорданським. Сьогодні тут теж можна набрати води. А ще — скупатися в купелі. Щоправда, це треба робити в спеціальній довгій сорочці для купання.

Назва провулка ***Мильний*** *з'явилася не просто так. Колись тут жили татари, які займалися варінням мила. Весь район угорі над Юрковицею називається* ***Татарка****.*

Дача Хрущова, вул. Майбороди, 8

Секретний сад

Пригадуєш книжку Френсіс Бернетт «Таємний сад»? У ній описано сад, схований подалі від усіх зі своїми таємницями. У Києві теж є така місцина.

Здаємо координати: Лук'янівка, історична місцевість Кмитів Яр, у минулому — дача Хрущова, а тепер територія Інституту педіатрії, акушерства і гінекології. Колись Лук'янівка була околицею Києва. Тут були дачі, фруктові сади... Але Київ ріс, і «цивілізація» дісталася і сюди.

Одну ділянку (нині на вулиці Майбороди, 8) 1889 року купив собі помічник аптекаря Октавіан Більський. Як бачиш, помічники фармацевтів тоді непогано заробляли. Архітектор Казанський збудував блакитний особняк, який зберігся без змін. Пізніше фармацевт «дослужився» до власника аптеки, прикупив іще землі й розширив маєток. Усе йшло прекрасно, але революція перевернула світ догори дриґом. Звісно, маєток націоналізували. У 1930-х роках це місце облюбувала партійна верхівка. Уяви, обрізали маршрути трамваїв, щоб вони не гуркотіли й не заважали. Зупинку перенесли подалі від дачі. Сам маєток обгородили височезним парканом.

Кажуть, буцімто під колишнім особняком аптекаря більшовики побудували спеціальний зал для таємних перемовин.

Нагорі теж «навели» красу. Тут насадили сад, установили містки, облаштували штучні водойми, фонтани. Подейкують, при Хрущові тут навіть був невеличкий зоопарк із ведмедем, на території досі можна побачити вольєри. Щоправда, тепер вони перехняблені й заіржавілі. Зараз сад занедбаний. І від того ще таємничіший...

Дуб у Конча-Заспі, санаторій «Жовтень»

Магічний дуб

Чи знаєш, що існує список старих дерев? До нього внесено найстарше дерево Києва. Це дев'ятсотлітній дуб. Він росте на території санаторію «Жовтень» у Конча-Заспі, і його названо на честь Ґрюневальда, готичного художника та скульптора. Дерево наче зійшло з його містичних картин...

Судячи з форми дуба, в нього колись поцілила блискавка. Наші пращури називали такі дерева «ромовими», або «перуновими», і вважали їх за цілющі. Із наукового погляду все просто: електропровідність у дубів вища, ніж у інших дерев. Коренева система йде глибоко в землю, сягаючи водних шарів. Тому високі дуби є магнітом для блискавок. Герої багатьох казок потрапляли на небо стовбуром дуба. Наші пращури вірили, що так піднімаються на небо й душі померлих. Фраза «дати дуба» з'явилася не просто так.

Але повернімося до дуба Ґрюневальда. Він декілька разів горів. Не через блискавки. Біля дерева любили влаштовувати пікніки, а необережне поводження з вогнем, як ти знаєш, небезпечне. Але дуб щоразу відроджувався. Сьогодні дерево-довгожитель охороняється законом. Воно єдине у столиці має звання «Національне дерево України». Палити біля нього багаття заборонено.

Нещодавно на його корі з'явився лик монаха. Це не рукотворна робота, просто кора зігнулася так, що під певним кутом можна розгледіти обличчя монаха в рясі.

До дуба Ґрюневальда приходять «обійматися». Та щоб повністю охопити його стовбур, треба декілька людей. Його «талія» сягає майже 800 см!

РОЗДІЛ 5

Чудеса

Китаївська пустинь, вул. Китаївська, 15

Київський Афон у зачарованому лісі

Знаєш, яке місце називають київським Афоном? Ні, не лавру. Хоч саме вона перша спадає на думку. Ідеться про Китаївську пустинь. Як ця частина Голосіївського лісу зажила такої слави?

До Києво-Печерської лаври прямували натовпи паломників, монахам-відлюдникам стало складно усамітнитися на території монастиря. Тоді вони відійшли у віддалену від шуму, загублену посеред лісу Китаївську пустинь. Затворники рили собі крихітні печери-келії. Із часом там утворилося ціле підземне місто-лабіринт.

Найзнаменитішим жителем підземелля був старець Досфей.

У нього не було документів, і йому відмовили в постригу в лаврі. Тоді він оселився в Китаєві, вирив собі під горою печеру й роками жив суворим затворницьким життям. Харчувався лише просфорами та водою, багато молився і отримав пророчий дар. Слава про Досифея розлетілася далеко за межі Києва. До нього приходили порадитись і прості люди, і цариця Єлизавета. Був у нього навіть Серафим Саровський, тоді ще не відомий святий, а звичайний підліток, який шукав свого шляху в світі. Юнак хотів залишитися в Китаєві, так йому сподобалося це місце. Але Досифей радив хлопцеві йти в Саровську пустинь — допомагати людям. «Там на тебе чекає велике майбутнє», — передбачив він.

Досифей велів поховати себе, не роздягаючи. Підозріло? Думаєш, чернець беріг якусь таємницю? Так воно й було.

Насправді Досифей був... дівицею.

Це підтвердилося, коли до монастиря прийшла помолитися одна дворянка. Підійшла вона до могили Досифея біля Троїцького храму, глянула на портрет і зойкнула. Та це ж її викапана сестра — Дарія Тяпкіна. Перевірили факти, дати — все збіглося. Так і викрилася таємниця Дарії-Досифея — дворянки, яка відмовилася від усього, щоб жити чернечим життям.

Це ще не всі чудеса Китаївської пустині.

Тут є каштан-довгожитель. Він росте біля Троїцької церкви, і його названо на честь Петра Могили, який, за легендою, посадив його. Легка рука в митрополита. І його липа стала довгожителькою на Старокиївській горі, і каштан у Китаєві має довгий вік.

На території лісу також є копанки-купальні. Кажуть, купання в них зцілює. Але якщо зберешся пірнути, морально підготуйся: вода тут завжди має температуру 10–12 градусів. У будь-яку пору року.

Китаїв *не має жодного стосунку до Східної Азії. Назва походить від тюркського слова «китай», тобто стіна, укріплення. Достеменно не відомо, чи була тут фортеця. Найімовірніше, стіною називали вузьке пасмо гір, яке захищало місцевість від непроханих гостей та вітру.*

Небесне замовлення

Володимирський собор стоїть посеред міста як окраса. Але якби машина часу перенесла нас у середину XIX століття, коли взялися будувати храм, ми не впізнали би цього місця. Тут була пустка. Вдалині виднівся корпус Університету Святого Володимира

Володимирський собор, бульв. Тараса Шевченка, 20

(нині Київський національний університет ім. Тараса Шевченка). Навіть парку не було. Там... випасали корів.

Будували храм понад сорок років, десять із них тривав розпис. Було залучено 96 художників. Завівтарну Богородицю художник Віктор Васнецов малював понад два роки. Саме із цією фрескою пов'язано найзагадковішу історію.

Професор-мистецтвознавець Адріан Прахов керував розписом собору. Якось він зайшов разом із начальником будівництва подивитись, як просувається робота. Саме поштукатурили стіни. Чоловіки зайшли до храму й отетеріли від побаченого. На штукатурці проступив... контур фігури Богородиці в повний зріст!

У щоденнику Прахова навіть зберігся ескіз і підпис до нього: «Зранку 4 січня 1885 року. Явлення Богородиці будівельникам собору». Містом ширилася чутка, що Богоматір навідалася до щойно збудованого храму й сама вказала, як її варто зобразити.

Звісно, це можна пояснити тим, що штукатурка висихає нерівномірно. І там, де вона ще не підсохла, залишаються мокрі плями. Але це ще не кінець історії.

Головним художником храму було призначено Васнецова. Коли він передав свої ескізи, Прахов онімів від подиву. Образ Богородиці у завівтарній частині мав дивовижну схожість із замальовками «мокрих плям» у його щоденнику. Прахов не давав указівок Васнецову, як зобразити Богородицю. Отже, і Васнецов «отримав небесне замовлення»...

За сімейними переказами, Васнецов малював Ісуса зі свого сина Михайла. Якось навесні його дружина винесла маленького Михайлика на свіже повітря. Малюк потягнувся рученятами вгору. Ось таким і намалював Васнецов Ісуса — дитятком, яке простягає світові руки. До речі, коли Михайлик виросте, стане священиком.

Святий лікар і турботлива відвідувачка

Лікаря Феофіла Яновського кияни називали святим. Його пацієнтами були «зірки»: Леся Українка, Іван Карпенко-Карий, Марія Заньковецька. Однак він ніколи не відмовляв бідакам, які не мали чим заплатити за консультацію.

Музей однієї вулиці, Андріївський узвіз, 2б

Ба більше, потайки підкладав їм гроші, щоб незаможні кияни мали за що купити ліки. У лазаретах Яновський не раз за свій кошт наймав доглядачку для тяжкохворих. Справді, святий лікар! У листі до дружини Яновський якось написав, що робить це не тому, що він хороший, а бо інакше — просто несправедливо.

Свою першу практику він відкрив на Андріївському узвозі, 17. У Музеї однієї вулиці про лікаря Яновського багато розповідають. Тут навіть зберігся його стетоскоп. Згодом Яновський переїхав на Ярославів Вал і там приймав людей. Мав він кабінет і в Олександрівській лікарні (в підвалі якої переховував євреїв, коли тривали гоніння на них). Коли Яновський помер, увесь Київ вийшов із ним попрощатися. Навіть перекрили рух транспорту. Сьогодні Інститут фтизіатрії та пульмонології носить його ім'я.

Одного разу з Яновським трапилася дивовижна історія. Лікар часто її згадував, так вона його вразила.

Якось на прийом прийшла молода дівчина. На ній була коричнева сукенка, схожа на гімназичну форму. Дівчина розповіла, що на Подолі в неї захворіла мама. Яновський пообіцяв прийти до її мами. І, звісно, виконав обіцянку того ж дня.

Він оглянув жінку, виписав їй рецепт. Роззирнувшись, побачив просту кімнату. Медик зрозумів, що хвора не зможе купити виписаних ліків, тож вирішив покласти (як святий Миколай) «асигнації» під подушку. Щоб відволікти хвору, почав розпитувати про дівчину на портреті. Лікар упізнав у ній гімназистку, яка приходила до нього вранці. Як же він здивувався, коли жінка сказала, що на портреті зображено її... покійну доньку! Дівчина померла рік тому.

Яновський був реалістом. Він вірив у факти, науку. Але ця історія його приголомшила. Усього ж не можна пояснити, чи не так? Є і незбагненні речі, як-от турботливі відвідувачки.

*Експозиції **Музею однієї вулиці** розповідають про знаменитих мешканців Андріївського узвозу, зокрема письменників Булгакова й Тютюнника, художника Красицького, скульптора Кавалерідзе.*

***Олександрівська клінічна лікарня** — найстарша в Україні. Вона діє від 1875 року. Перші корпуси проектував молодий Володимир Ніколаєв, який став зірковим архітектором.*

Статуя архангела Михаїла на Лядських воротах, Майдан Незалежності

Небесний охоронець Києва

На гербі Києва зображено архистратига Михаїла. Сильного покровителя має столиця. Згадаймо з Біблії, ким є Михаїл. Саме він поборов диявола, скинувши його з неба. Він — «князь», «вождь (грецькою “архистратиг”) воїнства Господнього».

Є красива легенда, як Михаїл узяв киян під свій захист. Якщо коротко: князь Святополк (онук Ярослава Мудрого) роками воював із половцями, але раз у раз зазнавав поразки, доки за нього заступився сам начальник Божого війська. На небі над полем бою з’явилася велика золота птаха, що сяяла, наче сонце. То був архистратиг Михаїл у золотих лицарських обладунках. Вороги злякалися і втекли.

Це легенда. А факти такі: Святополк у хрещенні отримав ім’я Михайло. Князь заклав Михайлівський Золотоверхий собор і так ушанував свого небесного покровителя. Михайлівський храм став першою церквою в Києві, що мала золоті бані. Тому він називається Золотоверхим.

У цьому храмі зберігалися мощі великомучениці Варвари, шанованої в усьому християнському світі. Варто згадати й про знамениті «каблучки Варвари». Для багатих паломників виготовляли золоті персні, а для бідних — сині, з фініфті (художньої емалі). Під час відправ їх клали в раку Варвари. Вірили, що освячені в такий спосіб персні подарують здоров’я, навіть кохання. Історичний факт: поет Осип Мандельштам для вінчання з Надією Хазіною купив прості каблучки Варвари. Їхній шлюб витримав страшні випробування долі.

Золотоверхий монастир підірвали у 1930-х роках, а перед тим зняли зі стін частину древніх мозаїк та фресок, а також обміряли храм.

Прикро про це писати, та класик Олександр Довженко підтримав ідею знесення Михайлівського Золотоверхого. На його думку, собор віджив свій вік... Планували зруйнувати і пам'ятник Богдану Хмельницькому, і Софію Київську. Іще раніше, 1919 року, на площі знищили бетонний монумент княгині Ольги. На звільненій території радянська влада хотіла втулити урядовий квартал із центральною площею. Затія не вдалася, бо розпочалася війна. Попри те, глибу Міністерства закордонних справ таки встигли збудувати. До речі, ходять чутки, що на цю будівлю пустили цеглу з підірваної Десятинної церкви.

Михайлівський Золотоверхий собор було відновлено вже за незалежності. Із музеїв повернули його старовинні фрески. Мощі святої Варвари, щоправда, вже було перенесено до Володимирського собору.

Михайлівський собор зіграв важливу роль під час Євромайдану. У ніч на 30 листопада 2013 року частина мітингувальників утекла від «Беркута» і сховалася тут, а в ніч на 11 грудня дзвони храму вперше за багато століть били на сполох. Востаннє це було 1240 року, коли на Київ сунуло монголо-татарське військо.

Небесного воїна Михаїла зображають не тільки на гербі Києва, а й на муралах, скульптурах тощо. На першому поверсі Музею історії Києва можна побачити найстаріший барельєф із архистратигом. На ньому зображено архангела Михаїла, що стоїть на змієві й устромляє списа йому в пащеку. До великої пожежі 1811 року, яка знищила майже весь Поділ, барельєф оздоблював приміщення Київського магістрату на Подолі. Вважається, що роботу виконано наприкінці XVII століття.

Статуя Михаїла прикрашає Лядські ворота на майдані Незалежності. До речі, рештки цих воріт (а це одна з трьох брам часів Ярослава Мудрого) відкопали під час реконструкції Майдану. Знаєш, як літописець назвав ці ворота? «Горесні». Саме через них до Києва ввірвалося Батиєве військо...

Пам'ятник княгині Ользі *створив скульптор Іван Кавалерідзе. 1919 року більшовики розбили його на шматки. Майже сімдесят років на тому місці була клумба, під нею лежала розбита бетонна княгиня, рештки якої знайшли під час реконструкції площі. Їх зібрали, як пазл. Щоправда, голову княгині так і не знайшли. «Реанімований» монумент можна побачити біля музею-майстерні Кавалерідзе на Андріївському узвозі. За ескізами Кавалерідзе пам'ятник Ользі, апостолу Андрію та Кирилу й Мефодію відтворили — вже з мармуру — в 1996 році.*

Барельєф *— скульптурний твір або прикраса на плоских поверхнях. Зображення виступає над тлом. Важливо, щоб випуклість була менша ніж на половину свого об'єму. Якщо вона більша, це вже горельєф.*

Рака *— гробниця для зберігання останків тих, кого церква визнала святими.*

Фонтан «Самсон», Контрактова площа, 1

Пригоди Самсона і лева

Іще в XIX столітті кожен паломник, прямуючи до Києва, мав ось такий список обов'язкових справ:

- Помолитися в Києво-Печерській лаврі.
- Побачити Софію Київську.
- Набрати пляшечку води з «Лева».

«Левом» називали фонтан «Самсон» на Контрактовій площі. Одна з легенд запевняє, що на цьому місці ще за часів Київської Русі було цілюще джерело. Коли в Києві збудували перший водогін, джерело почали «підживлювати» водою з труб. Спершу тут спорудили павільйон, пізніше П'єр Брульон, викладач математики у Києво-Могилянській академії, установив на ньому сонячний годинник. Дерев'яні Самсон і лев з'явилися лише через століття після альтанки. До речі, у Києві є ще один його сонячний годинник, що чудом уцілів у вирі століть. Шукай його у внутрішньому подвір'ї Могилянки.

Водою з фонтана лікувалися. Це ж святе джерело, хоч вода тече із труб. Було й інше повір'я: хто нап'ється з «Лева», залишиться в Києві назавжди. Такий собі лайфхак, як стати киянином. І це працювало. Як? Багато паломників не поверталися в рідні краї, а селилися в київських слобідках. Іще була традиція вішати хрестики Самсонові на шию. Вочевидь, тоді загадували бажання.

Фонтан був серцем Подолу. Поряд розташувався Контрактовий будинок. Біля «Самсона» були товчки, де торгували вживаними речами. У «копієчних рядах» можна було придбати недорогий крам. Тут організовували «обжорки», щось на кшталт сучасних фестивалів вуличної їжі, готували прямо на печах, вкопаних у землю, і тут же частувалися. Тут можна було купити цілий обід: холодець, вінегрет, борщ, квас...

Хотілось би написати, що фонтан дійшов до нас цілий і неушкоджений, але 1934 року його прибрали. Як стверджує одна з київських байок, через безглузде непорозуміння. Подільський начальник оглядав територію, побачив купу сміття біля фонтана й гаркнув: «Негайно прибрати!» Він же мав на увазі сміття, чи не так? Але постраждав фонтан. Відновили його лише 1982 року, щоправда, встановили вже бетонних Самсона і лева. Оригінальна (дерев'яна) скульптура зберігається в Національному художньому музеї.

«Самсонові» й сьогодні приписують «чарівні властивості», але воду з фонтана пити не радимо.

Лаврські печери

Києво-Печерська лавра почалася... з печер, у яких святі Антоній та Феодосій усамітнилися й служили Богові.

Антоній мав у миру ім'я Антип. Він пішов до Афону, де його постригли в ченці й дали ім'я Антоній. Невдовзі монах повернувся до Києва й оселився в печері над Дніпром. Тут тепер Дальні печери.

Києво-Печерська лавра

Чутки про самітника Антонія ширилися. Почала сходитися братія, зокрема до монахів приєднався Феодосій. Ченці викопували собі келії в печерах неподалік Антонієвої. Невдовзі Антоній захотів молитися на самоті й оселився у викопаній печері на сусідньому пагорбі. Тепер тут Ближні печери.

У XII столітті монастир здобув статус лаври, тобто головного монастиря. Із часом на території України постало ще чотири лаври. Але Києво-Печерська — найстарша, їй уже тисяча років. Антоній вирив першу печеру в 1051 році (деякі дослідники вважають, що це трапилося раніше, 1013 року).

Мощі багатьох угодників є нетлінними, вони збереглися до наших днів. Учені й досі не можуть пояснити цей феномен. Вони називають різні причини, як-от стала вологість, цілорічна температура 10–12 °C у печерах, сухі лесові ґрунти тощо. Але достеменно пояснити, чому мощі є нетлінними, не можуть.

Розповімо тобі про найвідоміших мешканців лаврського «підземелля».

Перший вітчизняний історик, Нестор Літописець, працював у Лаврі. Тут він написав «Повість временних літ». Працюючи, він використовував багато джерел: давньоруські зводи, тексти угод Київської Русі з Візантією, «Повчання» Володимира Мономаха тощо. Шкода, що рукопис не дійшов до нас в оригіналі, тільки в пізніших списках. Мощі Нестора покладено у Ближніх печерах. Антропологічні дослідження показали, що Нестор прожив 60–65 років, мав зріст близько 164 см (тоді це був середній зріст чоловіка) і був сутулим. Мабуть, нерівно сидів за столом, поки писав літопис.

Іконописця та ювеліра Аліпія вважають найдавнішим вітчизняним художником. Він допомагав розписувати Успенський собор. Кажуть, що його роботи залишалися неушкодженими навіть під час пожеж.

Щоправда, фрески не пережили 1941 року — храм підірвали. За участі Аліпія було створено іконописну майстерню при лаврі. Легенда каже, що коли Аліпій захворів і вже не міг виконати замовлення, до нього з'явився янгол і за три години написав за недужого ченця-художника ікону.

У Ближніх печерах є рака першого лікаря, Агапіта Безвідплатного. Він допомагав хворим, але ніколи не брав за це грошей. Якось Агапіт зцілив Володимира Мономаха. Особистий лікар князя розводив руками й натякав на неминучу смерть, Агапіт же надіслав князю лікувальні трави. Князь лікувався «за інструкцією» і скоро одужав. До святого Агапіта люди й сьогодні йдуть просити про чудесне зцілення. Здоров'я просять і в Іллі Муромця. Є припущення, що це той самий билинний богатир, який подолав Солов'я Розбійника. За допомогою рентгену виявили, що останки належать людині, яка довго була нерухомою. Згадаймо з билин: Ілля Муромець тридцять років не мав сили в ногах.

Наостанок згадаймо оповідь, від якої стає трохи не по собі. Був серед монахів Марко Печерник, він же Гробокопач. Марко служив Богу, рив печери самітникам, а також копав могили померлим братам. Трапилося так, що для покійника ще не було готове місце. Тоді преподобний Марко попросив його ожити до ранку, поки підготують могилу. Померлий ожив на добу, а наступного дня знову помер, як і було домовлено. Марко Гробокопач знав, коли сам помре, і завчасно викопав собі у печері могилу. У лаврі є реліквія — шапка Марка Гробокопача. Її вдягають після служінь у церкві «Живоносне джерело».

Про інших лаврських святих можна прочитати в «Києво-Печерському патерику».

Нерушима стіна

Влаштуймо-но розминку для «сірих клітин» мозку. Як гадаєш, що в Києві збереглося без змін від часів Київської Русі?

Золоті Ворота? Пф-ф. Їх було зруйновано й реконструйовано. Кирилівська церква? Так, її спорудили у XII сторіччі, але перебудовували. Як і кам’яну церкву Спаса на Берестові.

Оранта в Софії Київській, вул. Володимирська, 24

Які ще варіанти?

Софія Київська? Бінго! Але не вся. Були часи, коли храм стояв без покрівлі й завалилась одна з його галерей, коли в церкву влучали снаряди... Але в соборі є стіна, яка дійшла до наших часів ціла та неушкоджена. Власне, тому вона й називається Нерушимою, що вистояла тисячу років. Кажуть, Київ стоятиме доти, доки існуватиме ця стіна. На ній мозаїкою (крихітними шматочками кольорової смальти) викладено Богородицю, яка в молитві зводить руки до неба. Образ називають Орантою.

Тож якщо хочеш зануритися в часи Київської Русі, зайди до Софійського собору. Так, там ти не знайдеш ані славнозвісної бібліотеки Мудрого, ані князевої усипальниці (саркофаг є, але без останків Ярослава Мудрого). Але зможеш побачити Нерушиму стіну, а ще — графіті. Це написи на стінах храму, що їх залишили наші пращури.

Якщо ти надряпаєш щось на парті, підозрюю, тобі влетить від учителя. А от раніше щось шкрябали навіть на стінах у храмі, це не було табу. Є написи, зроблені у вівтарній частині, а доступ туди мали лише священики. Наші предки вірили, що написані в соборі прохання будуть ближчі до Бога. Що цікавого можна прочитати, крім класичних молитов на кшталт «Господи помози рабу своєму...»?

У храмі є підпис Анни Ярославни — доньки Ярослава Мудрого, яка вийшла заміж за французького короля і стала королевою Франції. При зіставленні почерків на стіні та на документі, який Анна 1063 року власноруч підписала у Франції, виявилося, що напис зробила одна людина.

Зображення тварин, найпевніше, нашкрябали діти. І тоді була мода «постити» котиків. Є серед графіті й прокльони. «Кузьма тать. Украл еси м'ясо. Асилонь твои кокошь, аминь». Сучасною мовою це звучатиме так: «Кузьма — злодій. Украв м'ясо. Бодай тобі ноги сплутало, амінь». Одне графіті розповідає про любовні зітхання кияночки за хлопцем Купріяном, красенем, який, проте, не звертає на неї уваги. Як бачиш, дівчата тоді були освічені.

Ці написи — цінний матеріал для істориків. Одне графіті перевернуло уявлення про дату заснування храму. Є фреска, на якій викарбувано «1018». Отже, собор не може бути засновано 1037 року, як уважали раніше.

***Епіграфіка** — наука про написи, виконані на незвичному матеріалі для письма, наприклад, на стінах.*

УДК 82.34
С85

Стрижевська Тетяна

С85 Химерний Київ. Легенди, лякачки та цікавинки / ілюстрації AVE. — Київ: Портал, 2020. — 100 с.

ISBN 978-617-7925-18-6

Майже-путівник місцями Києва, що пов'язані з химерами і дивовижами. Будинки з чудернацькими деталями, таємничі історії, загадки й чудеса. Нехай більшість міських легенд — лише вигадки й забобони, та це чудова нагода погуляти Києвом, відшуковуючи згадані в книжці будівлі й куточки. І ще більше закохатися в українську столицю — як у неї закохана авторка.

Літературно-художнє видання
для середнього і старшого шкільного віку

Тетяна Стрижевська

ХИМЕРНИЙ КИЇВ.
ЛЕГЕНДИ, ЛЯКАЧКИ ТА ЦІКАВИНКИ

Ілюстраторка AVE

Відповідальна редакторка Олеся Мамчич
Літературна редакторка Богдана Матіяш
Коректорка Марина Гетманець
Художній редактор Ольга Дегтярьова
Технічний редактор і верстальник Олексій Кобзар
Головна редакторка Анна Процук

ТОВ «Видавничий дім "Портал"» • portalbooks.com.ua
Київ, вул. Будіндустрії, 6в, оф. 1 • +38 097 031 1437 • info@portalbooks.com.ua
Свідоцтво суб'єкта видавничої справи № 6868 від 07.08.2019

Підписано до друку 15.05.2020. Формат 72x50/8.
Папір Munken Lynx. Гарнітура Espuma Pro. Друк офсетний.
Умовн. друк. арк. 9,33. Зам. № 37/05. Наклад 3 000.

Надруковано в ПП «Юнісофт» • unisoft.ua
Харків, вул. Морозова, 13б • Свідоцтво ДК № 5747 від 06.11.2017